图书在版编目（CIP）数据

为了去远方 / 史晓雷主编；韩青宁著；毕贤昊绘. —
北京：北京出版社，2022.4
（时间里的中国）
ISBN 978-7-200-17064-1

Ⅰ. ①为… Ⅱ. ①史… ②韩… ③毕… Ⅲ. ①交通运输史—中国—少儿读物 Ⅳ. ①F512.9-49

中国版本图书馆CIP数据核字(2022)第039202号

总 策 划：黄雯雯
责任编辑：张亚娟
封面设计：侯　凯
内文设计：魏建欣
责任印制：武绽蕾

时间里的中国
为了去远方
WEILE QU YUANFANG

史晓雷　主编　韩青宁　著　毕贤昊　绘
*
北 京 出 版 集 团
北 京 出 版 社　出版
(北京北三环中路6号)
邮政编码：100120

网　　址：www.bph.com.cn

北京出版集团总发行
新 华 书 店 经 销
河北环京美印刷有限公司印刷
*
889毫米×1194毫米　12开本　4印张　30千字
2022年4月第1版　2022年4月第1次印刷
ISBN 978-7-200-17064-1
定价：69.00元
如有印装质量问题，由本社负责调换
质量监督电话：010-58572393

时间里的中国

为去远方

史晓雷 主编
韩青宁 著
毕贤昊 绘

北京出版集团
北京出版社

序　言

我们每个人的一生都在时间里度过。时间在悄无声息地流逝着，无论你是否意识到它的存在。对一个国家而言，流淌的时间积淀下来便汇成文明。

我们中国是举世闻名的四大文明古国之一，她拥有灿烂辉煌的历史与文明，养育了勤劳智慧的中华民族，生生不息，延续至今。

现在，我们将驾驶四叶小舟，它们分别是"服饰的秘密""民以食为天""房屋的建造""为了去远方"，乘着它们，沿着历史长河的脉络，从源头一直驶向现代文明，这样可以一览河流两岸旖旎的水光山色。

"服饰的秘密"小舟带我们瞥见远古时期山顶洞人的骨针与串饰，在马王堆汉墓薄如蝉翼的素纱襌（dān）衣前留下惊叹；品鉴华贵艳丽的盛唐女装，在《清明上河图》的贩夫走卒中流连。

"民以食为天"小舟带我们穿梭在纵横交错的饮食文化中：五谷的栽培与驯化，食材的引进与栽种，"南米北面"风俗的由来，喝酒与饮茶之风的形成，如此等等，不啻（chì）一趟舌尖上的中国之行。

"房屋的建造"小舟带我们徜徉在曾经的栖居之地，从穴居部落到宫殿城墙，从秦砖汉瓦到寺庙桥梁，从徽派民居到陕北窑洞，从巍巍长城到大厦皇皇。一定让你大饱眼福，心旷神怡！

"为了去远方"小舟带我们参观另一番景象，从轮子的使用到车马奔驰在秦驰道上，从跨湖桥约8000年前的独木舟到明代郑和下西洋的庞大船队，从丝绸之路到京杭大运河，从指南针到北斗导航，高铁如风驰电掣，"天问一号"探测器在火星工作一切正常。

在旅途中掬几朵历史的浪花吧，它们是我们祖先智慧的结晶。透过这些浪花，我们会窥见一个陌生、神奇而又熟悉的世界。时间塑造了这个世界，她见证了中华民族的过去，彰显了历史的智慧，昭示了光明的未来。驾上小舟，出发吧！

湖南农业大学通识教育中心副主任、科技史博士　史晓雷

现在，我们来到了"时间里的中国"的最后一站——行。

似乎从一开始，出行就刻在了我们人类的基因里。在靠狩猎和采集为生的远古时代，我们的祖先靠着双脚去行走。后来，他们学会了利用轮子、驯化牲畜，发现了水的魔力，造出了各种各样的交通工具，闯出了各种各样的路。从独木舟、马、战车、马车、帆船、栈道、运河，再到今天的火车、轮船、飞机、火箭等，为了商业与文化的交流，古人打通了丝绸之路，郑和带着船队下西洋……我们的祖先一直在怎样走得更远的路上探索，活动的范围也越来越广。

最原始的交通工具是什么？
真正的车是什么时候出现的？
为什么说栈道是"绝壁上的史诗"？
陆上丝绸之路和海上丝绸之路有什么不同？
郑和宝船不沉的秘密是什么？
……

人们不断地前行，去探索生命的意义，去探索我们存在的价值。你还等什么，让我们也一起去探索吧！

出发吧,原始人!

你们知道人类最原始的交通工具是什么吗?

从前有一个人叫夸父,他为了让部落的人们能够活下去而去追赶太阳,路上他渴极了,就喝光了黄河、渭河的水,但还不够解渴,又往别处去找水,不幸的是,他半路上就渴死了。夸父是用什么追赶天上的太阳的呢?没错,是用最原始的交通工具,其实就是我们人类的双脚。靠着这双脚,原始人狩猎开荒,披荆斩棘,蹚出了一条又一条道路。

太阳,我来啦!

❖ 夸父追日

古代神话,出自《山海经》。后来用"夸父追日"比喻决心大或不自量力。

靠着双腿走路,时间久了还是会很累,尤其是搬运一些东西的时候,只能用肩膀扛着、用手提着或是用木棍抬着。这可怎么办呢?

发现轮子的魔力

在劳动的过程中，人们发现了旋转的魔力，利用转动可以给兽骨打孔、钻木取火、纺线，把圆柱形的树干放在重物下，用绳子拖拉前行，用此方法搬运货物比肩扛手提省力多了。受此启发，人们用木头制造了轮子，车也就随之出现了。后来人们又用马来拉车，效率更高了。

从此，人们的行动不再只是依赖双脚。直到今天，这项古老的发明仍然扎根在我们生活的每个角落，我们使用的大多数交通工具都离不开轮子，离不开旋转的力量。

"车"字的演变

轮子是车最重要的部件，是车子的特征所在，因此古代"车"字的形体突出了两个轮子的形象。

车 车 车 车 车 车

> 我已经尽力了！

❖ 半坡人的纺轮

大约 6000 年前，聪明的半坡人采用野生植物的纤维，如葛、麻等，用陶质的纺轮捻成线后再织布。这是我国古代发明的最早的捻线工具。

❖ 燧人氏钻木取火

传说在一万多年前，燧人氏发明了钻木取火，这是华夏文明的起源。

> 我钻，我钻，我使劲儿钻！

> 加把劲儿啊！

最初的轮子是用一大块原木制成的实心轮子，后来发明了有辐条的车轮，结构轻便，让车子跑得更快！

真正的车出现了

又经过了很多很多年,到了商代,人们用青铜和木头造出了真正的车。这时候的车无论是行路,还是打仗,一般都是用马来牵引的,车通常要用2匹马或者4匹马来拉。到了汉代,新式的双辕车被造出后,只需要一匹马拉车就可以了。马车渐渐成为城市的重要交通工具,直到火车和汽车出现。

❖ 冠盖如云

官员们的礼帽和车篷密集得像一片云层,形容官宦士绅聚集得很多。盖的主要功用是遮阳避雨,车上立盖也成了一定地位的标志,即代表士大夫。

❖ 驷手

驾驭马车是个技术活,不仅要安全驾驶,还要会驯养马,修理马车。古代学生掌握的6项基本才能——六艺(礼、乐、射、御、书、数),"御"就是驾车。

❖ 驷马难追

一句话说出了口,就是套上4匹马拉的车也难追上了。表示说话要算数。

驾,驾!

❖ 螳臂当车

螳螂举起前肢企图阻挡车子前进。比喻做以自己的力量做不到的事情,必然失败。

看我的威力!

❖ 发轫

古代的车没有制动装置,为防止车轮自己滑动,停车后用木头阻碍车轮,这块木头就叫轫。发轫就是出发、启程的意思。

走，骑马去！

商周时期，马匹一般是用来驾驶车辆的，很少用于骑乘。战国时期，赵国的武灵王发现匈奴骑马打仗，比驾着笨重的战车打仗灵活多了。于是，他让士兵们仿效匈奴军队的装备，把长衣宽袖改为短衣窄袖的"胡服"，挽弓骑马，练习射箭，这就是"胡服骑射"。赵国因此国力开始变得强大，逐渐成为战国七雄之一，骑马之风也逐渐兴盛起来。

马鞍

"人靠衣服马靠鞍"，这副新马鞍让我看上去格外俊美。

商周时期的马多用于驾车，所以没有鞍。北方游牧民族最先学会骑马，为了骑马方便，人们会在马背上垫一个枕头样子的马鞍。

鞍桥

单镫

汉代，为了减少摩擦，骑马时更加稳定，人们发明了前后两端略微高起的鞍桥。西晋时期，出现了挂在马左侧，辅助上马的单镫。

古代马是最常见、出行最快、最普遍的交通工具，也是通信工具，更是英雄好汉的得力伙伴。

双侧马镫最迟在东晋初期已经开始使用，它让马和骑者更紧密地结合在一起，高桥马鞍也广为流行。

最早的水上交通工具

附近的食物快吃完了，河对岸的树枝上挂满了果实，几只鹿在林中悠闲地漫步，似乎还有几只野兔出没在草丛中……但是，一条河挡住了人们前行的脚步，怎样才能顺利渡河呢？

人们看见树干可以漂在水上，就想到用树干帮忙过河。他们用手中的石刀、石斧，在树干中间挖出槽，做成了人类历史上最早的水上交通工具——独木舟。独木舟很轻巧，在水浅的地方也能顺利划动。随着独木舟的使用，桨逐渐出现了，不仅能加快独木舟划行的速度，还能控制独木舟行进的方向。有了独木舟，人们捕鱼、渡河就方便多了。

> 好想到对岸去采果子啊！

> 造独木舟一般要选直径在1米以上，长度在5米甚至一二十米以上的大树干才行。

> 先将树干上不需要挖掉的地方都涂上厚厚的湿泥巴，然后用火将中间要挖去的部分烧成木炭，再用石斧把木炭挖掉后削平，一只独木舟就制造完成了。

夕 月 月 舟

| 甲骨文 | 金文 | 小篆 | 楷书 |

独木舟会受木材的限制，容易被浪打翻，也装不了多少东西，进入奴隶社会之后，随着水上运输活动日渐频繁，载重量也日渐增加。在独木舟的基础上，人们创制出新型的船——木板船。

考古工作者在浙江萧山跨湖桥新石器时代遗址中，发现了约8000年前的独木舟，这是我国最早的船，也是世界上迄今为止发现的最早的独木舟，被称为"中华第一舟"。

> 上一只不小心凿穿了，这只可要小心了。

从独木舟到楼船

陆上交通靠车马，水上交通靠舟船。我们的祖先不断实践，先是在独木舟的基础上做成了木板船。木板船是我国造船史上的一次重大飞跃，从此人类不再受自然界所提供的木材形状和体积大小的限制，逐渐对材料进行加工改善。此后，逐渐有了舵，各种舟船陆续产生，甚至还造出了有几层楼那么高的楼船，给古代的水上航行、水战带来众多辉煌壮观的场面。

秦汉时期，出现了我国造船业的第一个高峰，船只类型多，规模大，还出现了秦代徐福船队东渡日本和西汉海船远航印度洋的壮举。

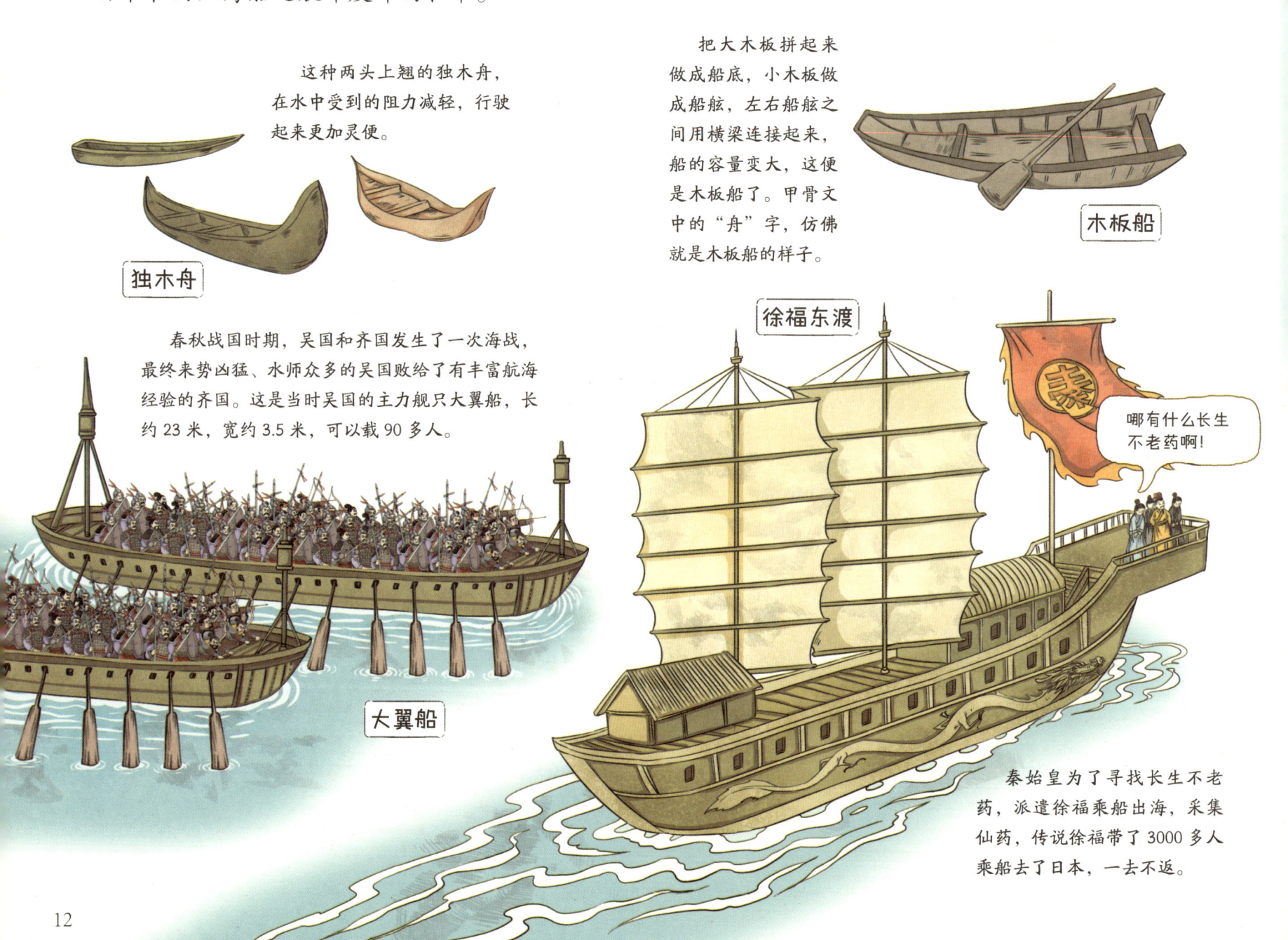

这种两头上翘的独木舟，在水中受到的阻力减轻，行驶起来更加灵便。

独木舟

把大木板拼起来做成船底，小木板做成船舷，左右船舷之间用横梁连接起来，船的容量变大，这便是木板船了。甲骨文中的"舟"字，仿佛就是木板船的样子。

木板船

春秋战国时期，吴国和齐国发生了一次海战，最终来势凶猛、水师众多的吴国败给了有丰富航海经验的齐国。这是当时吴国的主力舰只大翼船，长约23米，宽约3.5米，可以载90多人。

大翼船

徐福东渡

哪有什么长生不老药啊！

秦始皇为了寻找长生不老药，派遣徐福乘船出海，采集仙药，传说徐福带了3000多人乘船去了日本，一去不返。

西汉楼船

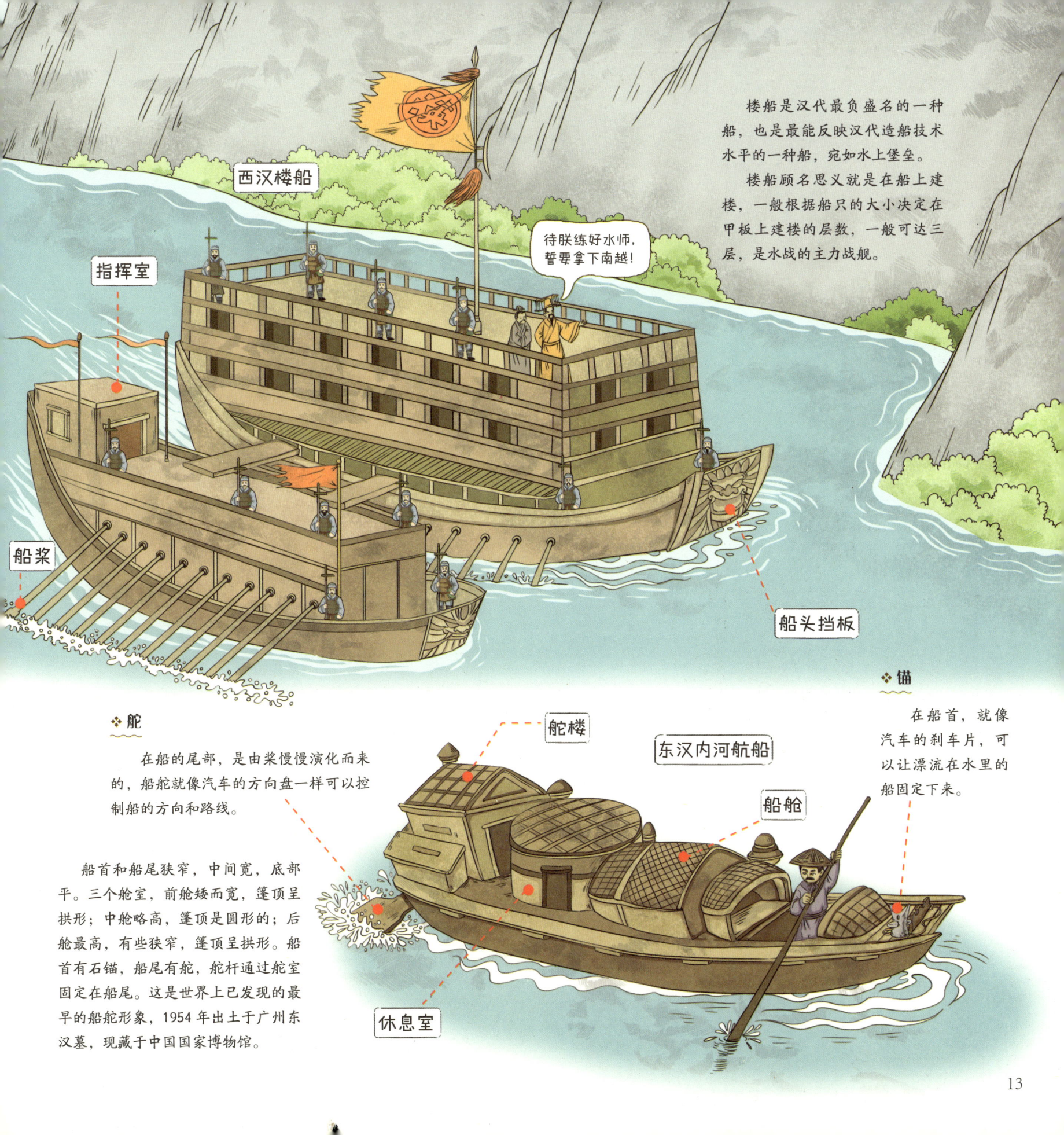

指挥室

待朕练好水师，誓要拿下南越！

楼船是汉代最负盛名的一种船，也是最能反映汉代造船技术水平的一种船，宛如水上堡垒。

楼船顾名思义就是在船上建楼，一般根据船只的大小决定在甲板上建楼的层数，一般可达三层，是水战的主力战舰。

船桨

船头挡板

❖ 舵

在船的尾部，是由桨慢慢演化而来的，船舵就像汽车的方向盘一样可以控制船的方向和路线。

船首和船尾狭窄，中间宽，底部平。三个舱室，前舱矮而宽，篷顶呈拱形；中舱略高，篷顶是圆形的；后舱最高，有些狭窄，篷顶呈拱形。船首有石锚，船尾有舵，舵杆通过舱室固定在船尾。这是世界上已发现的最早的船舵形象，1954年出土于广州东汉墓，现藏于中国国家博物馆。

舵楼

东汉内河航船

船舱

❖ 锚

在船首，就像汽车的刹车片，可以让漂流在水里的船固定下来。

休息室

秦始皇的"高速公路"

秦始皇统一六国后,为了有效地管理六国故地,下令修筑了以咸阳为中心的通往全国各地的驰道,驰道可以说是中国历史上最早的"国道"。

这些道路修建在平坦的地方,很宽很平,路面有50步宽,大约有70米。路基夯筑得很结实,

道路夯筑得非常结实,小草都无法在道路上扎根。

路两侧每隔7米栽一棵树，每隔5000米建一个亭子。让我们闭上眼想一想，一辆辆高头大马拉着的马车在道路上飞驰而过，那该是什么场景？说驰道是古时候的"高速公路"，一点儿也没错。

以秦朝首都咸阳为中心，修筑了通往全国各地的8条主要驰道，除了一些山区栈道，基本上都是宽阔笔直的驰道。

西方道　秦直道　上郡道　临晋道　东方道　滨海道　秦栈道　武关道　咸阳

道路约70米宽，相当于现在的16车道。

绝壁上的史诗——栈道

在平地上我们可以修路，一般的山路也能吭哧吭哧爬过去，可如果眼前是一道道拔地而起的绝壁呢？黄鹤飞不过去，猿猴想攀缘都发愁，更别说是行人了。可我们的祖先想出了办法，他们冒着生命危险，手持铁锤、钢钎在陡峭的悬崖上凿出一排排深深的孔眼，插进横木，铺上木板，修建成一条条供人们通行的栈道，唱响"绝壁上的史诗"。

明修栈道，暗度陈仓

公元前206年，刘邦攻下咸阳，被项羽封为汉王，带着人马到南郑去，途中烧毁了栈道。后来又扬言重修栈道，实际绕道北上，在陈仓（今陕西宝鸡）打败了秦将章邯的军队。后借指用假象迷惑对方，以达到某种目的。

让他们去修吧！——章邯 明修栈道

关中我来啦！ 暗度陈仓

1. 火焚水激法。利用热胀冷缩，先火烧，再水浇，让石头裂开，清除大块石头。

2. 用凿子、锤子等工具在崖壁上凿出宽约20厘米，深约50厘米的孔洞。遇到坚硬的石头有时还得再次用到火焚水激法。

古人是怎么修栈道的？

在没有火药和先进工具的情况下，要想在坚硬的岩石上修凿一条道路，那可是一件相当不容易的事，但是古人做到了。

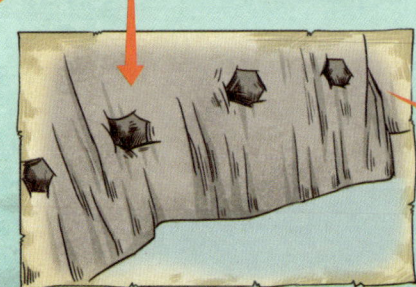

火焚　水激　凿孔

3. 凿完孔后,插入约 2 米长的结实的粗木横梁。

4. 在横梁下安装柱子做支撑,在栈道旁架上栏杆。

5. 铺设木板,栈道基本完成。

陆上丝绸之路和海上丝绸之路

西方→中国：汗血宝马、葡萄、石榴、黄瓜、胡萝卜、雕塑……

胡萝卜

汗血宝马

葡萄

雕塑

黄瓜

石榴

陆上丝绸之路以长安或洛阳为东起点，经甘肃、新疆，再到中亚、西亚，最后到达地中海沿岸。

香料

长颈鹿

玻璃器皿

海上丝绸之路包括东海航线、南海航线和西海岸航线。

❖ 西海岸航线
由中国沿海港口到南亚、阿拉伯和东非沿海各国。

中国→西方：瓷器、丝绸、茶、四大发明（造纸、印刷术、火药、指南针）。

西方→中国：香料、玻璃器皿、长颈鹿……

中国→西方：丝绸、瓷器、漆器、玉器、铜器。

铜器 丝绸 瓷器 漆器 玉器

西汉时期

长安（中国）

火药 印刷术 造纸 指南针

茶

❖ 东海航线
由中国沿海港口到朝鲜、日本。

❖ 南海航线
由中国沿海港口到东南亚各国。

张骞

张骞，汉代杰出的外交家、旅行家、探险家，丝绸之路的开拓者。

陆上丝绸之路

汉朝初年，北方匈奴部落经常侵扰中原居民，汉武帝是个出色的皇帝，他想联络西域各国好好教训一下匈奴人，就派张骞出使西域打通关系。张骞两次出使西域，与西域各国建立联系后，商人牵着驼队，将来自中国的丝绸通过这条通道运输到中亚与欧洲，西域各国也纷纷派使臣出使汉朝，与汉朝建立了通商关系，从此丝绸之路正式开通，成为一条非常有名的交通要道。

海上丝绸之路

在古代，除了张骞开通的陆上丝绸之路，还有一条重要的贸易通道——"海上丝绸之路"。这条路线始于汉朝，到了唐朝中期之后，由于战乱等原因，陆上丝绸之路中断，随着航海技术和造船技术的进一步发展，海上丝绸之路不断发展，在唐宋时期真正繁荣起来。香料、玻璃器皿、象牙、花草等异域珍宝进入中国，中国的瓷器、丝绸、茶叶等商品也被带到世界各地，尤其是宋朝的瓷器成了畅销品，这条航线因此也被称为"海上陶瓷之路"。

郑和

郑和，明朝著名的航海家、外交家。郑和下西洋，是15世纪初世界航海史上的空前壮举。

最惊心动魄的路——茶马古道

除了陆上丝绸之路、海上丝绸之路以外，无数的马帮、背夫们在我国西南地区横断山脉的险山恶水之间，在从云南向西北横上"世界屋脊"青藏高原的丛林草莽之中，共同走出了一条世界上地势最高、山路最险，堪称地球上最惊心动魄的路。

这条古道开始于唐宋时期，因为是用四川、云南的茶叶换取西藏的马匹、盐、药材等物品，由马帮运输，所以被称为"茶马古道"。

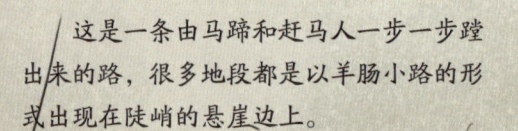

这是一条由马蹄和赶马人一步一步蹚出来的路，很多地段都是以羊肠小路的形式出现在陡峭的悬崖边上。

再加把劲儿！

小心点儿啊！

崖间小路极窄，有时候两人不能并肩前行，一旦跌落，便会粉身碎骨，要是两队人相向而行，需要提前调度避让。

亚东　江孜

马帮的马队通常都带着大铃铛，走起路来"叮叮当当"，除了呼应全队，也是用来提醒前方的马队注意避让。

中原王朝由于征战和民间役使需要大量马骡，而藏区产良马，于是，具有互补性的茶和马的交易即"茶马互市"便应运而生。

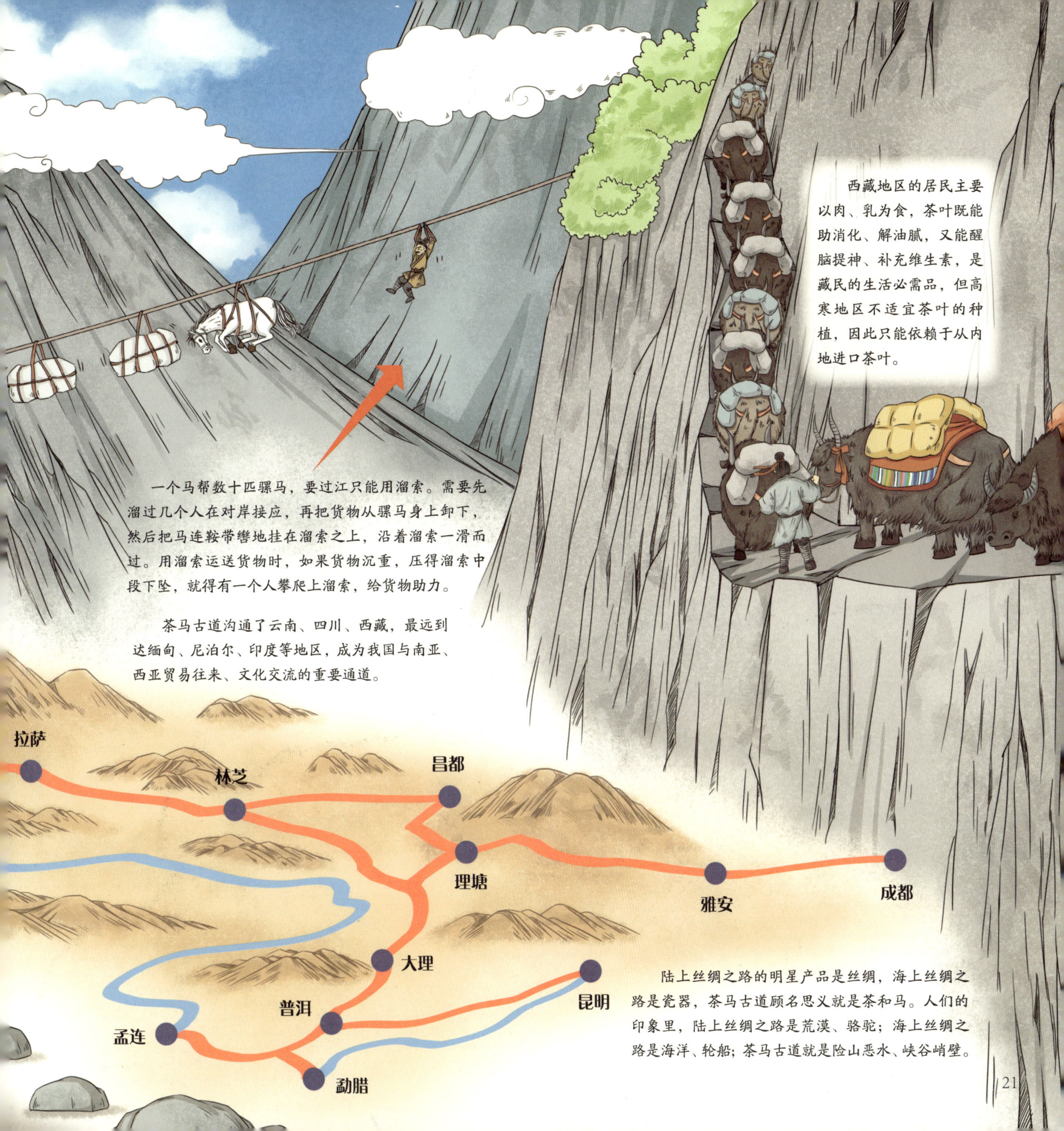

西藏地区的居民主要以肉、乳为食，茶叶既能助消化、解油腻，又能醒脑提神、补充维生素，是藏民的生活必需品，但高寒地区不适宜茶叶的种植，因此只能依赖于从内地进口茶叶。

一个马帮数十四匹骡马，要过江只能用溜索。需要先溜过几个人在对岸接应，再把货物从骡马身上卸下，然后把马连鞍带缰地挂在溜索之上，沿着溜索一滑而过。用溜索运送货物时，如果货物沉重，压得溜索中段下坠，就得有一个人攀爬上溜索，给货物助力。

茶马古道沟通了云南、四川、西藏，最远到达缅甸、尼泊尔、印度等地区，成为我国与南亚、西亚贸易往来、文化交流的重要通道。

陆上丝绸之路的明星产品是丝绸，海上丝绸之路是瓷器，茶马古道顾名思义就是茶和马。人们的印象里，陆上丝绸之路是荒漠、骆驼；海上丝绸之路是海洋、轮船；茶马古道就是险山恶水、峡谷峭壁。

隋唐大运河

运河是人工挖掘的河道。为什么要挖运河呢？除了让离河较远的地方也能发展灌溉农业外，有些地方的运河还承担了水上运输的功能。

我国的地势西高东低，主要的河流都是由西向东流的，而南北货物的运输就比较麻烦。为了解决交通运输不便的难题，也为了方便自己下江南巡游，隋炀帝在前代开凿的运河基础上，倾全国之力，主持开凿了一条以洛阳为中心，北达北京，南至杭州的大运河，全长2000多千米，促进了沿岸城市的发展。

隋唐大运河包括永济渠、通济渠、山阳渎、江南运河4条纵向运河，以及广通渠一条横向运河，将都城长安、洛阳以及南北重要城市串联起来。

唐朝的首都是长安，但是洛阳是运河的交通枢纽，繁荣程度一点也不比长安差。

扬州是江南运河、长江与大海衔接的中枢，运河的便利带给扬州源源不断的贸易机会，在唐代时扬州成为仅次于长安和洛阳的第三大都市。

涿州（北京）
（天津）
永济渠
临清
长安
广通渠
板渚
洛阳
通济渠
盱眙
山阳（楚州）
山阳渎
江都（扬州）
江南运河
余杭（杭州）

运河和龙舟都建好后,隋炀帝三下扬州,流连忘返,乐不思蜀。龙舟高达4层楼,里面正殿、朝堂、内殿一应俱全,好像把皇宫搬了过来。

自隋唐至宋,大运河是以洛阳为中心的一条南北运输线,经元朝修会通河和通惠河以后就成为以大都为中心的新型运河了,它就是今天京杭大运河的前身,全长900多千米。

为了拥有最高的出行标准,隋炀帝下令在沿途同时修建无数奢华离宫,从长安到扬州就有40多座。

京杭大运河

到了元代,隋唐大运河的一些河段因为战乱和缺乏整修,已经不能使用了,而这时的首都也变成了大都,就是今天的北京。为了更快地把粮食等货物从南方运到京城,元世祖忽必烈下令工程师们规划出一条新路线,将原来的隋唐大运河改道,不用再绕到洛阳,可以从江南直通大都。

在通过运河的重要节点时,必须首先保证漕船通行。

淮安漕运

淮安从隋唐到明清,一直是南北漕运的枢纽,明清时成为中央政府的漕运指挥中心和漕船制造中心,是一个典型的因运河而兴起的城市。

这条大运河从北京到杭州，所以叫作京杭大运河。京杭大运河从北向南流经北京、天津两市和河北、山东、江苏、浙江四省，贯穿海河、黄河、淮河、长江、钱塘江五大水系，全长1747千米，是世界上里程最长、工程最大的古代运河。从元朝到清朝光绪年间，京杭大运河一直是我国南北交通的大动脉，通过大运河运输的粮食以及其他物资，不计其数。现在，它承载着"南水北调"东线工程的重要功能，古老的运河将重现生机。

驿站：高速公路上的"服务区"

我国是世界上最早建立传递信息系统的国家之一，在 3000 多年前就建立了官府的通信组织——驿站。驿站借助车、马、船等交通工具，负责传递官方文书和军情信息，转运官方物资。除此之外，驿站还供应来往官员的食宿，更换马匹，堪称高速公路上的"服务区"。

汉朝

> 我要赶快把消息送回去！

> 捷报！捷报！

邮　驿

汉朝时驿站叫"驿亭"，把传送信件的工作分成了两种，一种是骑马的"驿"，一种是步行的"邮"，就像今天的快递和平邮。汉高祖刘邦曾做过驿亭的亭长。

1972 年，出土于嘉峪关魏晋墓群的这块《驿使图》画像砖，生动传神地刻画出 1600 多年前西北边疆的邮驿情形。

魏晋

唐朝

唐朝时国力强盛，驿站也得到空前发展，全国有 1600 多个驿站，从业人员达到 2 万。驿站除了负责接待过往官吏，传递军事情报、奏章、信件文书，还负责追捕逃犯和递送各种贡品。

> 最近要传递的信息很多啊。

宋朝按照紧急程度分为步递、马递和急脚递三种形式。岳飞抗金时，宋高宗连下12道金牌让岳飞撤军，可谓驿站间传递的最高等级加急命令，北伐成果毁于一旦。

宋朝

唉，战事紧急，竟然要连下12道金牌命令召回！

元朝

下一站多远？

此地空旷，驿站广布，下一站不用一刻钟即到。

元朝疆域空前辽阔，驿站分布广泛，远至边远严寒地区。

明朝

位于江苏高邮的盂城驿，始建于明洪武八年（1375年），曾是北京和南京之间的重要驿站，是目前全国规模最大、保存最完好的古代驿站。

一骑红尘妃子笑，无人知是荔枝来。
——杜牧《过华清宫》

唐代的杨贵妃爱吃荔枝，唐玄宗就下旨在涪州（今重庆涪陵）建优质荔枝园，同时修整了从涪州到长安的道路，全程1000多千米，专设运送荔枝的驿站和驿卒，换人换马不换物，接力快速传送。这条重新修整后的道路就叫荔枝道。

这也太快了！

闪开！宫廷荔枝专送！

了不起的中国古桥

一棵大树倒在小河上，就形成了一座小桥，人可以像走平衡木一样通往小河对岸；把大石块摆在浅河里，踩着也能走到河对面，这些都是最原始的桥。我国山川众多，江河纵横，自古就是桥梁大国。这些美丽的桥，不仅与道路一起编织成四通八达的交通网络，还为大地增添了不少诗意。一些古代桥梁的建筑艺术，甚至走在世界桥梁建筑的前列，充分显示了古代劳动人民的非凡智慧。

一般跨度大的拱桥，拱都较大，不利于行人出行，但赵州桥桥面过渡平稳，穿行方便。

桥的大拱两肩上有两个小拱，不仅看上去十分美观，而且还减轻了流水对桥身的冲击力，使桥不容易被大水冲毁。节省的石料又大大减轻了桥身重量，使大桥更加安全。

这么长的桥，没有桥墩，全部用石头砌成，只用一个拱形的大桥洞，横跨在约37米宽的河面上。

赵州桥是我国现存最早、保存最好的大型石拱桥，由隋朝的李春设计建造。桥长60多米，宽约10米，中间行车马，两旁走人。欧洲最早的这种拱上加拱的石桥——法国泰克河上的赛雷桥，比我国的赵州桥晚了700多年。

卢沟桥位于北京市丰台区永定河上，是北京现存最古老的石造联拱桥，整个桥身都是石体结构。《马可·波罗游记》中把它形容为一座巨丽的石桥。

广济桥位于广东省潮州市古城东门外，横跨韩江，始建于南宋，集梁桥、拱桥、浮桥于一体，是世界上第一座开合活动式桥梁，中间一段浮桥可以根据需要移动打开，便于船舶通过。

白天这些木船连接在一起组成浮桥，让行人过河。

夜间浮桥打开，让大船过去，这样一座可分可合的活动桥，是不是很有趣呢？

洛阳桥虽然名字里带"洛阳"，但却不在洛阳，而是在福建泉州。这座桥建于北宋，当时因为战乱，中原百姓迁徙到了泉州，思念家乡，就给它取了一个家乡的名字。

洛阳桥是我国现存最早的跨海梁式大石桥。

郑和下西洋

明代，中国的航海技术已领先于世界。从永乐三年（1405年）至宣德八年（1433年）的近30年中，明成祖朱棣派郑和组建了一支当时世界上规模最大的远洋船队。郑和带领外交人员、翻译、医生、士兵、船工等约2.7万人，乘坐200多艘海船扬帆出航，先后7次下西洋，到达东南亚、南亚、西亚和东非的30多个国家和地区，写下了人类大规模远洋航行的壮丽篇章。

宝船是郑和船队中最大的海船，也是主体所在，堪称船队的旗舰。有的宝船有上下两层，就像漂浮在海上的楼阁。

郑和船队里除了大型宝船，还有马船（运输船）、粮船（运粮船）、坐船（运兵船）、战船等大小辅助船只。

宝船不沉的秘密

茫茫大海隐藏着各种危险，海上航行常常伴随着大风和巨浪，还有海底暗礁。郑和每次出洋的船舶基本上都在100艘以上，其中大型宝船在40艘到60艘之间。大型宝船长约150米，宽约60米，这样的宝船面积比足球场还大，简直赛过了今天的舰艇。这么巨大的海船，别说当时世界上没有，在今天也可以算是大船。船行海上，要是不小心撞上海底暗礁、发生碰撞，船舱一旦漏水，就可能导致整艘沉没。但郑和的宝船每次都能安全返航。这里面有什么秘密吗？

水密隔舱是中国造船史上的一项重要发明，也是中国对世界造船技术的一大贡献。它用隔舱板把船舱分成互不相通的独立船舱，即使一个舱区漏水也不会流到其他舱区里，极大地提高了船舶航海的安全性。郑和船队的"宝船"都有特殊的隔水密封舱，多的有28个，少的也有23个。

流水孔：为了让舱底的积水能够流通，便于排水。

隔舱板和船体紧密钉合，从横向支撑船体，增强了船体的抗压能力，水密隔舱还可以用来存放东西，便于货物的装卸和保管。

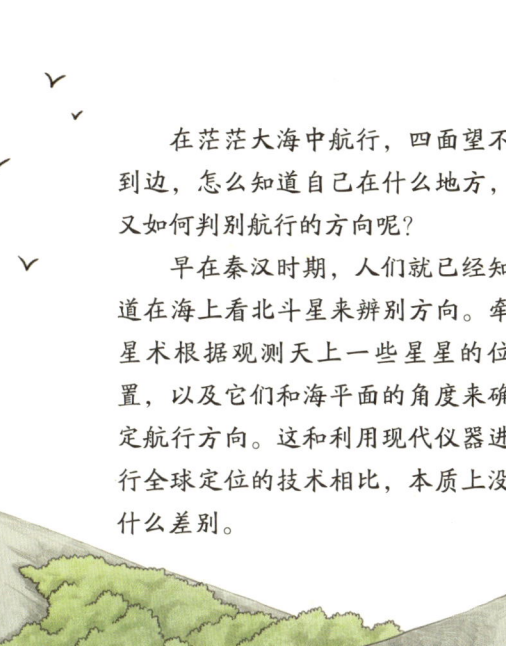

在茫茫大海中航行，四面望不到边，怎么知道自己在什么地方，又如何判别航行的方向呢？

早在秦汉时期，人们就已经知道在海上看北斗星来辨别方向。牵星术根据观测天上一些星星的位置，以及它们和海平面的角度来确定航行方向。这和利用现代仪器进行全球定位的技术相比，本质上没什么差别。

牵星板

牵星板 → 星星
指角数
眼到板距

牵星术的工具叫牵星板，用坚硬的乌木做成，用它来测出目标星的高度后，就可以计算出所在的地理纬度了。

那时候用来牵星的星辰很多，主要有北辰星（北极星）、华盖星、北斗七星、灯笼骨星、南门双星等。

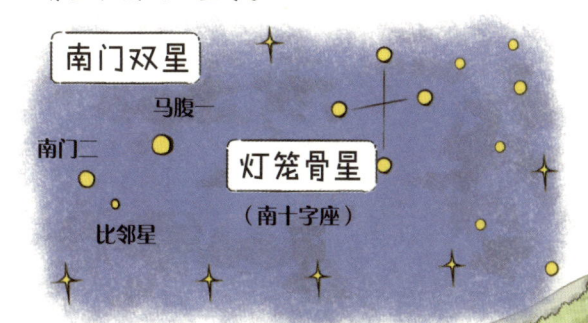

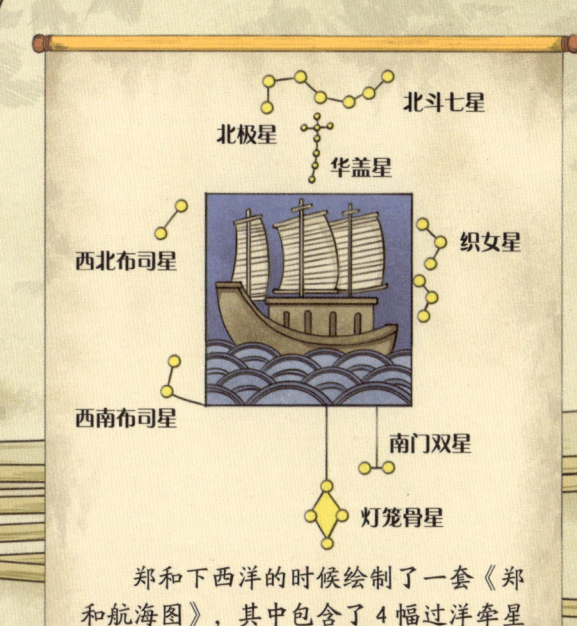

南门双星

马腹
南门二
比邻星

灯笼骨星
（南十字座）

木料之间的缝隙用丝麻和桐油灰来填充，以确保隔舱有很好的密闭性。

北极星　北斗七星
华盖星
西北布司星　织女星
西南布司星　南门双星
灯笼骨星

郑和下西洋的时候绘制了一套《郑和航海图》，其中包含了4幅过洋牵星图。图上记载了20多颗星星的地平高度，作为航行的参考。

龙骨结构就像人和脊椎动物的脊椎一样，用来支撑船身，使船只更坚固，抗御风浪能力更强。

33

从指南针到北斗

航海时,夜晚可以观星,白天可以看太阳,但如果遇上阴天下雨怎么办呢?其实,早在公元前3世纪的战国时期,中国人就发现了磁石能指南北的特性,并制成了可以不受昼夜阴晴影响的指南工具——司南。后来又不断改进,制成了更加灵敏准确的指南鱼、水浮法指南针、缕悬法指南针、指南龟、罗盘等。

今天,我国自主开发的北斗卫星导航系统,能够为全球用户提供全天候、高精度的定位和导航服务。千年前,作为中国古代"四大发明"之一的指南针走向世界,为人类探索世界指明了方向。千年后,中国的北斗再一次走向了世界,成为全球卫星导航系统中不可忽视的重要力量,继续为人类贡献更多的中国智慧。

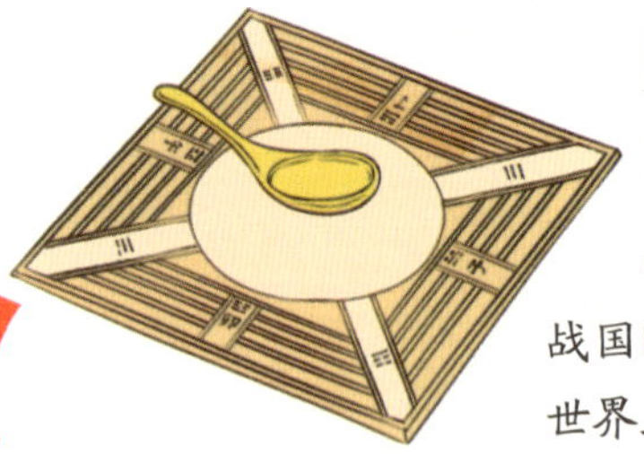

司南

司南最早出现于2000多年前的战国时期,由青铜盘和磁勺组成,是世界上最早的导航装置。

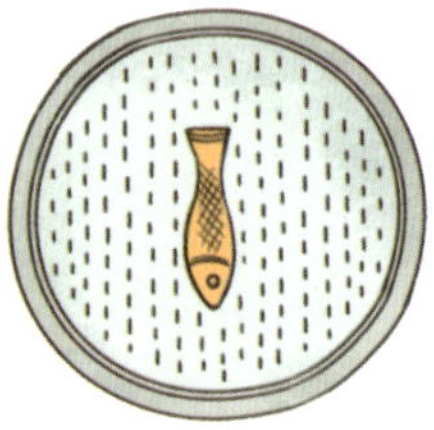

指南鱼

北宋时,出现了人工磁化的指南鱼,它比司南要方便、灵敏,它不需要光滑的铜盘,只要有一碗水即可,不管碗是否放平,碗里的水面总是平的。由于液体摩擦力比固体小,转动起来更加灵活。

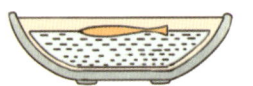

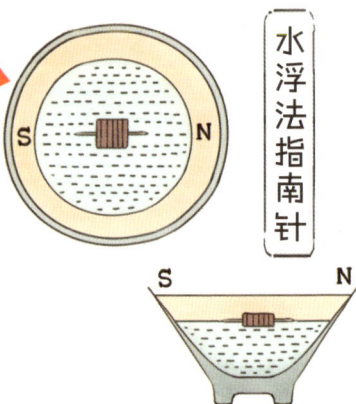

水浮法指南针

北宋时,还出现了水浮法指南针。在磁针上穿几根灯芯草浮在水面,就可以指示方向。碗里的水有水平性,只要不是大的摇摆就可以保持稳定,十分实用。

郑和

缕悬法指南针

缕悬法指南针,也叫吊针,用丝线悬挂指针,灵敏度很高,指向准确,但由于针线轻盈,易受到风吹扰动。

指南龟

木龟　磁石　黄蜡　针
竹钉　木板

南宋时出现了指南龟，由木头刻成，在木龟的腹部下方挖一个小洞放入磁石，然后将木龟安装在光滑的竹钉上，能够自由旋转，静止的时候龟尾指南。

罗盘

进入南宋，人们开始把水浮法指南针和带有方位指示盘的部件组合起来，这便是罗盘，后来被广泛应用于航海业。12世纪后，指南针先后传入阿拉伯地区和欧洲国家，开创了世界航海史的新纪元。

马可·波罗

哥伦布

中国的北斗，世界的北斗，一流的北斗。

北斗卫星导航系统，是继美国GPS、俄罗斯格洛纳斯、欧洲伽利略的全球第四大卫星导航系统，北斗的名字来源于北斗七星。除了为全球提供定位导航服务外，北斗导航还在气象灾害预警监测、交通管理、应急救援、指导放牧等方面大显身手。

火车出发了

"长长一条龙,走路轰隆隆,遇水过铁桥,遇山钻山洞,脚下钢轮力气大,日行千里真威风。"猜猜这是什么交通工具?没错,就是火车。火车最初使用的燃料是煤炭或木炭,因此得名火车。火车行驶的轨道线路就是铁路。

铁路的出现,打破了传统的马车、人力车和帆船的局限,可以运送更多的货物,承载更多的人员。我国地域辽阔,山川纵横,修建了不少难度极大的铁路建筑工程,这些伟大工程的背后凝聚着无数建造者的智慧和汗水。

比一比看谁快!

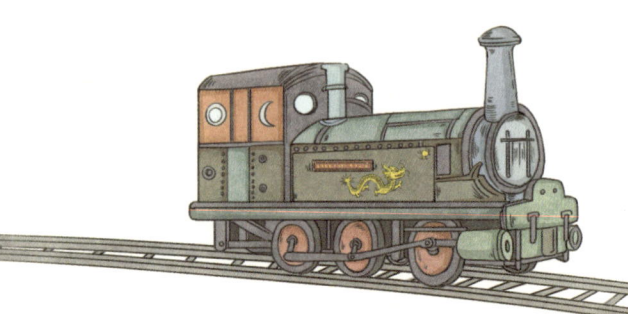

我国的第一辆火车——龙号机车

1840年,英帝国主义用枪炮轰开中国紧闭的国门后,为了开辟中国市场,一直谋划着修建铁路。1876年,英国人在上海建造吴淞铁路,这是出现在中国古老大地上的第一条营运铁路。

为了方便运煤,1881年,唐胥铁路建成,这是中国自建的第一条标准轨铁路,结束了中国没有铁路的历史。

1909年,京张铁路建成,这是我国第一条完全由中国人自主设计施工的铁路干线。面对陡峭的山峰,总设计师詹天佑创造性地设计了"人"字形铁路,火车到达山顶时车尾就变成了车头,完美解决了火车爬坡难的问题。

詹天佑

1937年9月，我国自行设计、建造的第一座双层铁路、公路两用桥——钱塘江大桥落成，由桥梁专家茅以升设计建造。后来因抗日战争需要阻断交通枢纽，不得不炸毁这座耗时3年，建成仅89天的大桥。

成昆铁路连接成都和昆明，是我国西南地区的重要铁路干线，全长1096千米。沿线所经之处大部分都是崇山峻岭，沟壑纵横，地形十分复杂，滑坡、泥石流等地质灾害严重，平均每1.7千米有一座桥梁，每2.5千米有一条隧道。因工程艰难被联合国称为"象征20世纪人类征服自然的三大奇迹"之一。

京津城际铁路，连接北京和天津两大直辖市，是我国第一条时速超过300千米的高速铁路。

青藏铁路始于西宁，终于拉萨，经过海拔4000米以上地段960千米，翻越唐古拉山的铁路最高点海拔5072米，是世界上海拔最高的铁路。

我们的飞天梦

广袤苍穹，深邃莫测，是人类自古以来向往的地方；遨游太空，探索宇宙，是中华民族千年的梦想。从远古嫦娥奔月的神话传说，到2000年前鲁班造飞鹊、墨子制木鸢，敦煌莫高窟的"飞天"壁画，再到明朝人万户飞天的壮举，好奇心驱使我们不断去探索，由此演绎出一幕幕飞天探秘的传奇故事。今天，我们终于实现了飞天的梦想，人造卫星、载人飞船、火星探测器等不断推进，但飞天的梦想远远没有停止……

❖ **敦煌飞天**

敦煌莫高窟的壁画中，到处可见"飞天"的形象，这些生动活泼、千姿百态的飞天，身披天衣，环绕彩带，给人以美的启迪和享受。

2020年7月23日，"长征五号"运载火箭在文昌航天发射场，成功将"天问一号"火星探测器送入预定轨道，迈出行星探测的第一步。

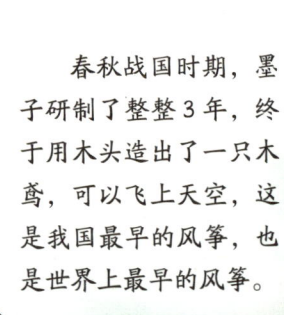

春秋战国时期，墨子研制了整整3年，终于用木头造出了一只木鸢，可以飞上天空，这是我国最早的风筝，也是世界上最早的风筝。

杨利伟

2003年10月15日，我国第一艘载人飞船"神舟五号"发射成功，航天员杨利伟在轨飞行14圈，圆满完成了我国首次载人航天飞行。由此，我国成为继俄罗斯和美国之后，第三个独立掌握载人航天技术的国家。

❖ 嫦娥奔月

在神话故事中，嫦娥是后羿的妻子，因为吃了不死之药，奔向月亮。嫦娥就相当于我国的月神，我们的登月计划就命名为"嫦娥工程"。

明朝的万户热爱发明，心怀飞天梦想，他做了一把坚固的椅子，在椅子后面捆绑了47支火箭，两手各拿着一只大风筝，希望借助向前推进的力量飞天。结果刚刚点燃火箭，就发生了爆炸……为了纪念这位伟大的人类航天先行者，人们把月球上一座环形山命名为"万户"。

2007年10月24日，中国第一颗探月卫星"嫦娥一号"成功发射。10余天后，经过近40万千米的星际飞行，"嫦娥一号"顺利抵达月球并实现绕月，中华民族终于圆了千年奔月的梦想！

❖ 我国第一架飞机

冯如从小喜欢制作风筝、车船类玩具，长大后下决心造出属于中国人自己的飞机。1909年他制造的飞机终于成功试飞。这是中国人自己制造的第一架飞机，仅比莱特兄弟发明的世界上第一架飞机晚6年。

诗词里的交通

读万卷书,行万里路。很多脍炙人口的诗词里就藏着各种各样的交通知识,让我们一起来寻找吧!

早发白帝城

李白

朝辞白帝彩云间,
千里江陵一日还。
两岸猿声啼不住,
轻舟已过万重山。

诗中写到千里之遥的江陵,只要一天工夫就能到达,真的能"千里江陵一日还"吗?

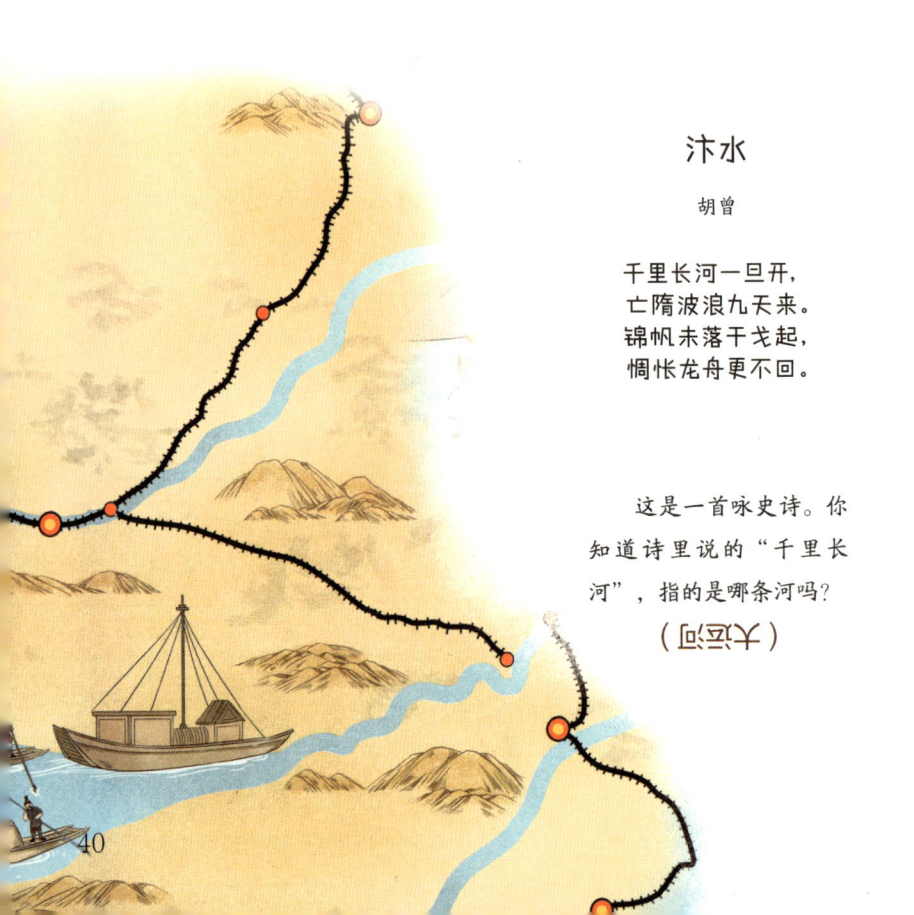

(能,乘的是小舟)

泊船瓜洲

王安石

京口瓜洲一水间,
钟山只隔数重山。
春风又绿江南岸,
明月何时照我还?

瓜洲在今天的江苏省扬州市,京口正好在扬州的对面,就是今天的镇江。你知道诗中的王安石是在京口还是在瓜洲吗?

(瓜洲)

汴水

胡曾

千里长河一旦开,
亡隋波浪九天来。
锦帆未落干戈起,
惆怅龙舟更不回。

这是一首咏史诗。你知道诗里说的"千里长河",指的是哪条河吗?

(大运河)

山行

杜牧

远上寒山石径斜,
白云生处有人家。
停车坐爱枫林晚,
霜叶红于二月花。

杜牧有一天乘着马车登山,被山路上秋天的枫叶吸引了,就停车欣赏,然后创作了这首《山行》。你还记得真正的车是在什么时候出现的吗?

(商代)

枫桥夜泊

张继

月落乌啼霜满天,江枫渔火对愁眠。
姑苏城外寒山寺,夜半钟声到客船。

这是一首家喻户晓的唐诗名篇。因为这首诗,让没有留下多少诗的诗人张继千古留名。枫桥也因为这首诗,而变得更加美丽。除了枫桥,你能说出中国的四大名桥吗?

(广济桥、赵州桥、洛阳桥、卢沟桥)

赠汪伦

李白

李白乘舟将欲行,
忽闻岸上踏歌声。
桃花潭水深千尺,
不及汪伦送我情。

李白乘上小船正要出发,忽然岸上传来悠扬的踏歌声,原来是李白的好朋友汪伦来送他。说到小船,你还记得最早的交通工具是什么吗?

(独木舟)

春望

杜甫

国破山河在,城春草木深。
感时花溅泪,恨别鸟惊心。
烽火连三月,家书抵万金。
白头搔更短,浑欲不胜簪。

"烽火连三月,家书抵万金",可见战争时的一封信是多么珍贵。在没有电话、互联网、快递的古代,你知道人们如何通信吗?发生战争的时候,又怎样在第一时间传递军情呢?

(驿站)

蜀道难

李白

蜀道之难,难于上青天!……尔来四万八千岁,不与秦塞通人烟。……地崩山摧壮士死,然后天梯石栈相钩连。……

诗里提到了一种在悬崖上修建的栈道,修建的过程十分惨烈,"地崩山摧壮士死"。在没有火药和先进工具的情况下,你还记得古人是怎么修建栈道的吗?

(火烧、水激、凿孔、撑架、铺板→栈道)